# Fosario

Museo Salvaje

Colección de poesía

———————————

Poetry Collection

Wild Museum

Carlos Manuel Villalobos

FOSARIO

Nueva York Poetry Press

Nueva York Poetry Press LLC
128 Madison Avenue, Oficina 2RN
New York, NY 10016, USA
Teléfono: +1(929)354-7778
nuevayork.poetrypress@gmail.com
www.nuevayorkpoetrypress.com

Fosario
© 2022 Carlos Manuel Villalobos

ISBN-13: 978-1-958001-74-5

© Colección *Museo Salvaje* vol. 45
(Homenaje a Olga Orozco)

© Dirección:
Marisa Russo

© Edición:
Francisco Trejo

© Textos de contraportada:
Marta Leonor González
Ramón Cote Baraibar

© Diseño de portada:
William Velásquez Vásquez

© Diseño de interiores:
Moctezuma Rodríguez

© Fotografía de portada:
Adobe Stock License

Villalobos, Carlos Manuel
Fosario, Carlos Manuel Villalobos. 1ª ed. New York: Nueva York Poetry Press, 2022, 114 pp. 5.25" x 8".

1. Poesía costarricense   2. Poesía latinoamericana

Todos los derechos reservados. Esta publicación no puede ser reproducida, ni en todo ni en parte, ni registrada en o transmitida por, un sistema de recuperación de información, en electroóptico, por fotocopia, o cualquier otro, sin el permiso previo por escrito de la editorial, excepto en casos de citación breve en reseñas críticas y otros usos no comerciales permitidos por la ley de derechos de autor. Para solicitar permiso, contacte a la editora por correo electrónico: nuevayork.poetrypress@gmail.com.

Lanza con punta de hueso,
Tambor de cuero y madera:
mi abuelo negro.
Gorguera en el cuello ancho,
Gris armadura guerrera:
mi abuelo blanco.

NICOLÁS GUILLÉN

LOS ANCESTROS

Cada uno trae un pedazo de fuego
para hacer la casa.
En el patio hay un árbol para colgar la sangre
y en el suelo
apellidos que se pudren.

Los ancestros me muestran
el cadáver de los siglos.
Le arrancan astillas a la noche
y me heredan las sílabas del padre.

Las abuelas cosen un ajuar
con sus recuerdos.
Cada una lleva una flor de miedo
en la matriz.
Son ellas las que pintan
la forma de mis manos
en los muros de esta casa.

Los abuelos ensillan las guerras
y corren a pedirle al mar
que los perdone.
Son ellos los que embriagan un demonio
y me heredan el sermón de las cantinas.
Cada uno trae un puño de ceniza
para su nombre.

Nadie en esta casa
se acuerda de morir ahora.

Cuentos rotos

A Lucila Pérez González (1906-1994)

Amabas la sal como a ti misma
y al humo como se ama al prójimo.
Dejabas crecer el fuego
para que hubiera un dios en cada sitio.

Tus palabras, abuela, olían a mar
como tus ojos
o como esos niños
que saltaban de tu vientre
cada fin del aguacero.

Remendabas cuentos rotos
para que no hubiera tristezas
en los cuartos de la casa.

SEMBRADOR DE DIOSTESALVES

A Fausto del Socorro Villalobos Sibaja (1907-1990)

Subías por las faldas de la lluvia
y le orabas al barro con los bueyes.

Subías por el humo de Dios
mientras mascabas
poco a poco los dientes del demonio.

Sembrabas padrenuestros
a la orilla de los ríos.
Sembrabas diostesalves
en tus muertos.

SANAR LA NOCHE

A Justina Ramona de Jesús Esquivel Quesada (1909-1991)

Querías espantar el miedo
con las yerbas de los siete rezos
pero los días, abuela,
te temblaban en las manos
como dos reptiles que se niegan
a salvarse del insomnio.

Un día ungiste mi nombre para santo
y le entregaste mi futuro a los altares.
Pero yo, abuela, no pude cargar con tus palabras.
No heredé el don de los milagros.

Ahora te comprendo.
Solo querías limpiar la noche.
Solo querías, abuela, sanarle al viento las heridas.

EL PEREGRINO

A Antonio Marcelino de Jesús Villalobos Núñez (1913-2006)

Rasuré el último silencio
con el llanto de mis manos.
Me habías dicho
que la sed estaba cerca
y no quise creer en sequedades.

Mecías la memoria en una silla
y contabas el cuento de tu pueblo
y cada tigre.
Te acordabas bien de los aviones
que vinieron a mostrarte las costillas de la guerra.

Vos eras, de verdad, abuelo, un pan de Dios,
un devoto peregrino que descansaba en las cantinas.

EL AÑO DE LA GUERRA

Era 1948 y hasta aquí llegaron los volcanes
con los ojos rotos.

Los rifles casi muertos se paseaban por el pueblo
y en cualquier esquina
       a vista y paciencia de la gente
orinaban pólvora con gritos.

Los aviones escupían insultos
a la hora del almuerzo
y a la orilla de los buitres había soldados
que buscaban niñas para bailar.

La guerra la ganó el mes de mayo,
pero aquí no vino el humo libre de la patria que nació.
Aquí quedaron
       sin santa sepultura
las vísceras de los truenos.

EL DÍA DE LOS SALMOS

A Elena de los Santos González Jiménez (1871-1937)

Te besó con salmos de la tierra un tal José
y vos, abuela, lo llevaste al fogón
donde espera el hambre que la toque el fuego
y mira, Elena, qué cosecha de dolores en el vientre
y mira, Elena, qué oración de niños
en la aureola de tus pechos.

Cuando casi caía la noche
un buitre vino a lamer tus huesos
y te fuiste encogiendo
como adormidera en el jardín,
como fogata bajo la lluvia.

No tuviste, abuela, más remedio
que obedecerle a la ceniza.

LA YERBERA

A Josefa Antonia de Jesús Sibaja González (1876-1958)

Tus pies tal vez descalzos
se borraron con el tiempo
y ahora parece que levitas,
como si esta foto
fuera tu fantasma
y no tus manos
y no tu cara
y no las piedras de una casa.

Pero quién quiere un talón para este barro
si sos vos, abuela, la yerbera,
la que sabe en este barrio
la lengua de los sueños.

EL ARADO DEL SOL

A Marcelino de Jesús Villalobos Benavides (1887 -1956)

Tu camisa tiene mangas de domingo largo
y el pantalón lleva un quiebre
que planchó la madrugada.

Se ve, abuelo, en esta foto
el arado del sol sobre la tierra.
Se ve tu pie sobre los siglos,
como un tronco esquivo
que vigila al trueno.

Tus manos, abuelo,
son dos tigres ya jadeantes
que descansan sobre tus piernas.

María llena de llamas

A María de Jesús González Ruiz (1839-1881)

María, otra María, otra más en el rosario.
María llena de llamas,
otra flor que se vistió de llantos.

Traías el vientre a cuestas
con el agua, el pez y los moluscos.

María llena de mantillas en el río,
María la mujer que murió de madre
en el décimo misterio.

LOS NIÑOS MUERTOS

A Pascuala Sandoval Brenes (¿?)

Los niños muertos, abuela,
venían a bautizarse con los vivos.

¿Cómo hacía el viento para despeinar uno a uno
y vos para peinarlos?

¿Cómo hacía el barro para ensuciarlos uno a uno
y vos para juntar el agua?

¿Cómo hacía tu vientre para inventar uno a uno
y la noche para dormirlos?

CASI AL BORDE

A José Francisco González Conejo (1845-1907)

Casi al borde de la sombra,
en la puerta del miedo,
te acordabas, abuelo
otra vez,
de la lluvia y de Abelina.
Habían pasado veinte años,
veinte años golpeando el pilón de la tristeza.

Ya las hijas, ya con nietos,
y vos veinte años,
golpeando las vigas de la noche.
Grande fue la piedra que se ancló en los días.
Grande fue la angustia que durmió contigo.

Por fin, abuelo, por fin,
tantos golpes te estallaron el cerebro:
eso dice, así lo dice, la clara letra
del cura Federico en esta defunción
que tengo a mano.

EL FOSARIO DE LOS RÍOS

No importa en este punto
si es verdad el apellido
o esa antigua procesión de partos.
Solo queda, de todos modos,
el fosario de los ríos.
Solo queda en esta tumba
el cráneo de la noche.
Busco a mis ancestros
en actas de indulgencia
o en las grietas de un papel
que no pudieron comerse las polillas.

Si es que acaso importa la ceniza
yo soy en este tiempo
el profeta de mis muertos.

ANGUSTIA

A María de Jesús Castro Chávez (1860-1948)

No quiso la sangre venir a mirar la luna.
No quiso el calendario quedarse debajo de una piedra,
                no quiso.

Qué congoja, abuela.
Qué trote de rumores por el pueblo
y vos, María,
casi a punto de parir,
y Miguel, su mano,
y vos María de Jesús, tu mano,
y los dos, abuela,
diciendo que sí en el altar,
qué susto,

qué susto.

CUANDO SEPA DIOS

A Miguel de Jesús Villalobos Valerio (1854-1886)

¿Qué surtido de promesas tiene tu padre en esta tienda?
Aquí le vendes lluvia a los que tienen tierra seca.
Aquí los pájaros vienen a llevar palabras para el invierno
y llegan los ojos de las muchachas a comprarte el corazón.

Llega también María de Jesús
y es a ella a quien vos, abuelo,
le siembras un tigre con las uñas.

Ay, Miguel, qué viento de huracán te espera
cuando sepa Dios.

Un cuchillo en la garganta se aprendió tu nombre
                                      de memoria.

SANGRE NATURAL

A María Luisa Durán (Solórzano o Zamora) (1825-?)

Qué peso, abuela, andar a cuestas por la calle
con esta baraja de apellidos.
Primero Durán como tu madre.
¿Y de dónde luego el Solórzano?
¿Y de dónde luego el Zamora?
¡Qué letra del padre en la pupila de los ríos!
¿Con qué nombre, María Luisa,
bautizamos tu cintura en esta noche?

No importa, abuela, da lo mismo,
hija de la herida
o sangre natural del fuego.
Da lo mismo.

Deja que se pudra el hambre de los buitres.
Deja, abuela, que se les caiga Dios
a los que piden perdón cada domingo.

LAS MINAS

A la memoria de los que trabajaban en la mina de los Cuarenta Leones.
A Salvador Villalobos Sánchez (¿?)

En este bajo, abuelo,
le arrancaste el corazón a los veranos.
Aquí dejaste ciegos a cuarenta leones.
Bajabas por los peñascos
a escarbar el alma de la noche.
Pero no llenaste de oro el plato de los siglos.
Quedó, eso sí, una veta de mentiras
y este trillo de duendes, abuelo,
que trajiste al pueblo.

ESTATUA DE SAL

A Ana Josefa García Roxas (1834-?)

De este suelo que abre un ojo para mirarse el ojo,
de estas llagas que ahora llaman Capital de Costa Rica,
de este lugar, abuela, es el miedo que te moja.

Dice el trazo de los curas
que un tal Félix
llenó de insomnios tu vientre
y cada cuarto de la casa.

Te quedaste atragantada de grillos
como estatua de sal para la historia.

No pudiste, abuela, soportar el agua
que te llegaba al cuello.

LA VALENTÍA

A Ramón María Corrales Campos (1844-?)

En este sitio que llamaron
Barrio del Murciélago
los gallos le cosían el corazón a la mañana
y los peñones, abuelo, te enseñaron
el arte de inventar la valentía.

Los potros del hambre
te llevaron hacia el este
y ahí tu nombre fue la yesca
que alumbró los siglos.
No moriste, Ramón.
Tus huesos
se empeñaron en cosechar
              un precipicio.

AUGURIO

A los inmigrantes del siglo XIX

Los recién llegados
le abren las vísceras al humo
y miran con espanto su destino.

LA SOLEDAD

Los castigos se desbordan desde mayo
y el hambre no alcanza para tanta boca.

Por los ríos se oye una canción de cuna
y al mismo tiempo la sed de los coyotes.

No es fácil soportar las horas y los grillos.

Las ciénagas llegan en diciembre
hasta el patio de los ranchos
y aquí mismo mueren de soledad
al igual que mis abuelos.

CULPA

A María Ruiz (1804-1874)

Las cigarras vienen a dejar recados de los niños muertos
y vos, abuela, guardas uno a uno los mensajes
en pañuelos de tristeza.
Te sientas en la hamaca a mecer la culpa
y le pides al viento que perdone el frío.
Pero nada logra este golpe de Moisés
sobre tu pecho.
Sales a barrer la lluvia.
Sales, María, a lavarle los dientes al chubasco.
Pero nada puede hacer ahora
este salmo
que desgranas.

UNA CUNA PARA DORMIR EL FUEGO

A María Manuela Montoya (1801-1872)

Las serpientes dejaban sobresaltos
en el patio de la casa
pero vos sabías, abuela, dónde quedan las hierbas
que curan de todo mal.

No pudieron los fantasmas
arrancarle la crin al tiempo
porque vos, María Manuela, hacías corrales
para amansar los ríos
y una cuna para dormir el fuego.

Sabías cómo hacerle un espantajo al miedo
con las hebras de los rezos
y las almas del Purgatorio.

La independencia

No hubo guerra de independencia
en Centroamérica.
No habrá un altar de pólvora
para los reyes de Madrid.

No tuvieron los volcanes
que abrirse sus propias vísceras.

No tuvo el barro que untarse el corazón de miedo,
ni tuvieron las abuelas
que bordar de sangre
       la camisa de los niños.

FUEGOS FATUOS

A Lorenzo Jiménez (1823-1883)

Tal vez fue en este barrio llamado El Carmen
donde el agua de Dios
lavó la culpa del viejo Adán.
Solo sé que un caballo del siglo XIX
frenó tus salmos en Naranjo de Puás
y aquí pintabas candilejas
en el vientre de la lluvia
y aquí dejaste, abuelo, un trillo
de fuegos fatuos
que no pudieron apagar
las misas.

PLEGARIAS

A Vicente Castro González (¿?)

Rezabas letanías
para pedirle al humo
que remendara a Dios.

Le pedías al alma de tus muertos
que no faltara un Cristo
en cada cuarto,
pero los pájaros de mal agüero
apagaron las candelas
y vos, Vicente,
no pudiste abrirle el útero
a la llama.

XIBALBÁ

Este es el vientre de la luna
      el ámbar de los siglos hecho de silencio.

Esto es un canto en ruinas
que alguien excava en un espejo,
      un mapa hecho con los bordes de la herida.

Esto es un trillo en llamas que conduce a Kuskatán,
      la sangre de la tierra que se vuelve tigre.

LA TINTA

En este punto de la historia
da lo mismo el color de las palabras.
Nadie sabe si la tinta
sirvió de pájaro
o fue la piedra que molió los días.
Tal vez los hijos del Quijote
bañan sus caballos
en la fuente de la eterna pubertad.
Quizá las hijas de un virrey
son las siete princesas de la Cíbola
y nadie sabe su paradero.
Cristóbal Colón juraba
que allá, debajo de la luna,
está Ciguare.
No importa ahora si son apologías
o es el viento de Talamanca
el que esconde los tesoros.
No importa en este punto de los mapas
en qué papel de amate
o de papiro
inventamos los volcanes
y esta bandera.

Vasija con el mar adentro

A Rafaela de Jesús Ugalde Murillo (¿?)

Los caballos vienen de Guatemala
con el nombre de una patria nueva en las espuelas.
Es octubre (1821)
y vos, abuela, no entiendes
por qué los reyes se arrancaron la cabeza.
El viento se viste con banderas libres
y corre por las calles a lucir su traje.
No entiendes, Rafaela, de qué sirve
el sonido de las campanas,
si de todos modos,
cada año cargas una vasija
con el mar adentro
y las parteras, como siempre,
vendrán a salvar las olas.

Junta de notables

En esta sala está Ramón Casaus y Torres,
un alfil de filo doble
        que predica el llanto de Esquipulas.
Se nota la saliva de los lobos
que aprendieron a cazar el fuego.
Aquí juegan cartomancia los señores diputados.
En la mesa de los santos óleos hierben pólvora
para la cena.
Hay deanes, provisores, vicarios,
agustinos, mercedarios, dominicos,
recoletos, betlemitas
y seguramente las cenizas del demonio.

Se nota el sudor de los caballos en la axila de la noche,
        el puño y la letra del juez oidor,
        el hombre que suma el humo
        y el que recauda los milagros de cada día.

UN ALTAR PARA MANUELA DURÁN

Dios espiaba tu nombre
por la hendija de los siete mandamientos.
Los centinelas del padre se guiaban por los rumores
y escalaban los domingos para mirar tus senos.
Te dijeron con la Biblia
que ibas a heredar la noche.
No hiciste caso, abuela.
Desnuda cruzaste el viento
y charco a charco
le hiciste un altar a los abrazos.
Tuviste, es cierto,
pedazos del infierno en las almohadas
y un estambre del Edén en cada mano.

No pudiste, Manuela, cortarle los hocicos al insulto.
Nada pudo con el hambre que lloraba.

Viajeros del siglo XIX

Ustedes son los albañiles de este río,
el fémur que sostiene el siglo XIX,
son los que dibujan campanas en el viento
para que sepan los pájaros
que alguna vez habrá ciudades.

El mapa de estas tierras
sigue el trazo
de las mulas sobre el barro
y ustedes no tienen otro oficio
más que andar
bajo la lluvia.

Un día le ordenarán a la piedra
que se convierta en el atrio de Dios Padre,
esculpirán patios de hormigas
pilones para asustar el hambre
y ventanas donde pueda la congoja
asomarse con los niños.

EL PRIMER GRITO DE INDEPENDENCIA

Los cuchillos saben a sermón de la montaña.
        Hay sangre de toro en la pólvora de cada rifle.

Las piedras rugen consignas de la Bastilla
y en las casas más calladas de San Salvador
las mujeres enhebran puños para la guerra.

También aquí hay un profeta
que predica caravanas hacia el sol que nace.
        Nicolás Aguilar
        Y José Matías Delgado
se arrancan el corazón a gritos.

Juan Manuel Rodríguez
y luego Manuel José Arce
le cortan la crin al viento.

En la casa de Xibalbá se esconde
el corazón del rayo
y los gemelos de la muerte
escriben códices malditos.

La puerta del palacio
es la vulva de la diosa Ixquic.

En el barrio de El Calvario
hay una jauría que viene del futuro,
un barrial de voces

que escribe por la calle
las señales de la cruz.

Ese día no hubo puentes para cruzar la noche
ni espina dorsal que aguantara a los caballos.

Ese día le cortaron la garganta al fuego.

LA CONJURA DE BELÉN

No caben más heridas
en la punta del cuchillo.
No caben más garrotes
en el cráneo de los rebeldes.
Estos muertos
no cabrán nunca en su ceniza.

La conjura de Belén fue terrible.
José de Bustamante y Guerra
le sacó las vísceras al día
antes de que alumbrara el fuego.

La conjura de Belén fue terrible.
Condenaron a la horca un río
antes de que el mar se lo tragara.
Le arrancaron las pupilas
a San Carlos de Borromeo.
No hubo suficiente tinta
para imprimir en el aire
las palabras de esta noche.

Ni siquiera las piedras pudieron
esconder su nombre.
Ni siquiera los barcos viejos
pudieron encontrar la costa.

      Veamos.

Era 28 de octubre de 1813.
Un círculo de escribas se tatuaba lanzas rojas
en la punta de la lengua.
En la celda de un convento
los curas hacían relojes
con pólvora de Dios.

La conjura de Belén fue terrible.
Del otro lado también estaba el ojo del Espíritu Santo
      y el palio del obispo que ladraba
        con la Biblia abierta.

La conjura de Belén fue terrible.
Los insurgentes se vistieron con su propia sombra.
A unos los mataron con las sogas del infierno
a otros les dieron a beber las letras del desierto.

Esa noche los rebeldes
se tuvieron que comer sus propios huesos.

LA BANDERA ROTA

Preside el acto don Gabino Gaínza
      la mano que enhebró los hilos de este fuego.

Lo secundan los oidores
el clero y los letrados.
      Importa en este punto
      un jinete que corre
      con una bandera rota
      a pedir que la remienden.

LAS LLAGAS DEL CURA HIDALGO

La semilla de este río
tiene abono del vudú que trajo Mackandal,
llagas del cura Hidalgo
y la piedra de moler el fuego.

La semilla de este río
habla lenguas de maíz
en el fondo de un jaguar
        tiene dioses que bailan
en yoruba
y una virgen con espinas
que llora con los pobres.

EL TRILLO DE LAS LIANAS

Ustedes son las lianas
que amarraba el viento a la memoria.

Son la crin de los potreros,
los pies que andan por la tarde del dieciocho,
los albañiles de los cuatro cantos,
la mezcla del almíbar y el cacao.

Ustedes son el trillo hacia mi nombre.

A OSCURAS

A este camino le faltan tragos de aguardiente.
A esta casa le faltan los espejos.
Falta el nido del humo
y la columna vertebral del aguacero.
Por aquí pasa el nombre
        casi muerto
de Petronila Flores
y un tal Francisco Javier González.

A oscuras
María Preste y Alejandro Céspedes
desgranan un reloj.

En el árbol de la sangre abundan los José:
Quirós, Conejo y Sandoval.
Y justo al lado del silencio
        las mujeres:
Paula, Gregoria y Antonia.

A este río le falta una sílaba en el agua.
Casi a la deriva
María Hernández y Pedro Sánchez
buscan en el mar un barco
que murió de viejo.

A esta casa le faltan los ojos
y la mandíbula.

TIZNE

A María del Rosario Jiménez Ugalde (1756-1805)

Los soldados del rey
predicaban un viento noble y de lealtad a España.
Pero vos, abuela, eras una llama libre
que no pudieron domar los salmos.
La virgen de los pardos
      tu santa negra,
se acordaba del mar
del hierro y las heridas.
Y vos, María del Rosario,
tiznabas *diostesalves*
en la lengua de tus muertos.

LAS HILERAS

Unos vienen por la orilla de la duda,
otros saltan por los riscos como fieras.

Unos saben decir el silabario,
otros olvidaron el apunte de la firma.

Pocos son los apellidos que llegaron
con su adarga de pelear esta batalla.

Unos le hablan al demonio con su espada,
otros tiemblan de viacrucis y rosarios.

Pocos son los nombres que cruzaron este río.

CUBUJUQUÍ

Este pueblo es un charco en los tobillos
y un sol huraño que no aprende el arte
de nacer por las mañanas,
pero las mujeres doman el frío
con jubones y aguamiel
y los hombres destazan truenos
con el hacha
para encender el día.

Bajo el viento cavan una cueva
para que venga el cura
a remendar el alma de los muertos
y libre de todo mal
el ombligo de los niños.

Intimidades

Las hormigas traen pedazos
de un volcán en erupción
para hacer sus madrigueras
en este cuarto.
Antonia Salas y Juan Paniagua
se acuestan a domar relámpagos
cuando todos se han dormido.
Juana Vargas y Antonio Gómez
siembran lirios de mar
cuando anochece.
Antonia Sáenz y Juan Corrales
construyen un enjambre de temblores
casi siempre los domingos.
Ellos cavan en el fuego un pozo
y oyen el maullido de dios.
En este cuarto
cada cama es un río
que toca el cielo.

LA VIUDA

A Josefa Micaela Alfaro Rojas (1743-?)

Tres cierzos vinieron a decir que sí.
Tres nombres, abuela, vinieron a mojar tu sed.

Manuel José Fernández,
un viejo calendario que se quedó sin habla
la víspera de Dios.

Antonio Ugalde,
el reloj que no pudiste despertar una mañana.

Francisco Ramón López,
el último minuto de los barcos que se fueron.

Tres penas, Josefa, vinieron a hundir
sus palas en la tierra,
tres campanas seguidas
que sonaban en tu pecho.

LOS QUE CRUZARON EL RÍO

Cruzaron el tiempo
por las hebras casi rotas de la muerte.
Era entonces un fin de siglo.
La verdad pedía limosna en el patio de los templos.
Había un buitre flaco que asomaba el ojo
por la hendija de las casas,
y los coyotes olían el llanto de la noche
en la puerta de los partos.
Pero ellos tenían un apóstol de la Biblia
en cada almohada
y así fue como cruzaron el siglo,
sin más rasguños
que las púas del hambre
y los pies descalzos.

1

Capitán de todo perro

Al Capitán Francisco Flores (1685-1757) (Gobernador de Barba)

Fuiste el gobernador de toda piedra sobre piedra
y cada río.
No tenías tizones para arrear el fuego,
ni siquiera un cuchillo
para arrancarle las serpientes a tu miedo.
Pero ibas, abuelo, con los curas
a espantar la gente hacia la iglesia,
y en un recodo donde hincaba el viento su colmillo
te hiciste soberano de una villa que llamaban Barba.

Eras casi un pordiosero
que pedía menguantes para comer,
pero un rey es rey
aunque tenga por trono la congoja,
pero un rey es rey
aunque vengan los buitres
y le coman las entrañas.

LOS FUNDADORES

No es fácil encontrar un río
que multiplique el pez como Jesús.
Los caballos mueren en la punta de los mapas
y los bueyes hunden las carretas para no seguir.
Pero nada detiene a los viajeros.
Teresa de Jesús Umaña
y Marcos Miguel Corrales
destazan el fuego y lo cocinan.
Manuela Martel y Joseph Escalante
siembran juntos una flor de sangre
y se nada los detiene.

LOS REZOS Y LA ESPADA

Mis ancestros abren un atajo en la mitad del viento
y suben por los montes con un sermón en cada puño.
Suben por la herida de la lluvia
y llegan al sitio donde nada tiene nombre.
Vienen de las hojas que cayeron
y los botes que vomita el mar.

Mis ancestros unen el rezo con la espada
y fundan un solo dios para matar el trueno.

Cuando muere un dios

A los antepasados del siglo XVII

Vinieron del volcán y de los chibchas,
de las cuencas de los ríos y de Sevilla.
Algunos salieron de un presagio
y otros de los barcos que raptaban los piratas
en el mar Caribe.
Llegaron de la espuela
y la crin de los océanos.
Vinieron de la tristeza
que tienen las montañas
cuando muere un dios.

EL RÍO DE LAS FUENTES ROTAS

Por el río que viene de los úteros
reman los niños de María Morillo.
De estas norias salen soles
que alumbran el pecho de
Francisca de Zúñiga.
Por el río de los vientres viene Luisa de Quintana
y un viudo de Marchena que se llama don Romero.

Por este río de palomas y de orugas,
por este río de las fuentes rotas
vienen mis abuelas y la historia.

El escribano

Al escribano Manuel Flores y Juárez (¿?)

Tenías trece años y ya sabías que el Diablo
esconde un arcabuz en las palabras.
Don Diego de Sojo te apodó el granuja
y el cacique Guaycora imploraba un buitre
que se comiera tu crueldad.

Querías fundar un altar de espadas
en la boca de los indios.
Herías el aire si llegaban los huetares.
Herías la luz, si un corobicí.
Herías el trueno si encontrabas
un dios que no era el tuyo.

Si alguien escapaba por la selva del Sufragua,
vos, abuelo, cortabas en dos el río
y los seguías.

Fuiste la letra oficial de los incendios,
la pluma que manchó los cánticos de Abraham.

Fuiste el escribano del hambre por veinte ocho años,
por veinte ocho años,
hasta que, por fin
se te secaron las palabras
y no hubo tinta, abuelo,
que mojara tu cadáver.

La heredera

A Juana de Vera Sotomayor (Cartago, 1590-1657)

Vos, abuela, fuiste la viuda
que heredó zaguanes,
dos inviernos
y un trillo de mulas
que llevaban esclavos
a parir en los potreros.

Por su letra sabe el tiempo
que hubo un río llamado La Lajuela
                que era tuyo.

Era tuyo el guindo y cada espina,
cuatrocientas yeguas y cincuenta lunes.

Era tuya la tristeza,
los árboles de mango,
ocho yuntas de bueyes
y, según dice el testamento,
el pilón de los secretos.

También te pertenecían los pies de Margarita
la mulata que cocinaba,
el vientre de Gertrudis,
la otra esclava
y además Antonio, Pedro
y los otros niños que defecaban lombrices en el patio.

El ojo con que mira el fuego

A García Ramiro Corajo y Zúñiga (1585- 1639)

De vos, Ramiro, sabe el libro de la historia
que eras un maldito cazador de curanderos,
pero no pudiste, abuelo, borrar el nombre de las hierbas,
no pudieron tus perros arrancarle
las palabras a los malekus.

Sabe el libro de la historia tu bota de sargento.

De vos hablan a escondidas los papeles viejos,
dicen que eras dueño de la piedra y del cascajo,
que eras dueño de la herida
y de las madres que perdían a sus hijos.

Dicen que eras dueño del hambre que tenía Juana,
de fanegas y una milpa
y del ojo con que mira el fuego.

ALGUIEN QUE LLEGA

Todo aquí es alguien que llega
y tal vez se queda,
un pie descalzo
y a veces una bota
que se arrastra como alma en pena.
Es un caballo
que viene del mar hacia el asombro,
un viejo dios
que no perdona los pecados.
el nombre de un rey
que solo sabe de serpientes y alacranes.

Todo aquí es una flor desnuda
que atisban los ancestros
por la hendija de una llama.

DULCEHE

A Dulcehe, princesa de los Quepos.

A vos, por ley de sangre, te pertenece el bosque.
A vos, abuela, por ley de reinas, te corresponde
el jade,
cada liquen
y todos los soles
que vienen a mojarse el corazón en estos mares.

A vos, abuela, por derecho de princesas,
te pertenece el fermento de la luna
y el sagrado polen de las jícaras.

Pero Antonio, el portugués Pereyra,
le arrancó la piel al fuego
y no pudieron los guerreros
salvar el habla de los ríos.

Fuiste madre de mestizos
y fuiste madre de este viento
que enhebra
el hueso de los siglos.

Te llamaron doña Inés
para borrar le lengua de la lluvia antigua,
pero yo te llamo como te llamas, abuela mía.
En este altar de llantos y tizones
yo te llamo de nuevo
Dulcehe.

EL ABUEL PORTUGUÉS

A Antonio Álvarez Pereyra (1530-1599)

Viniste, Antonio, con tus santos de rapiña
y un sudor de Lucifer en la camisa.

Por donde pasaba tu nombre, abuelo,
pasaban las heridas y también los perros.

El príncipe de Guarco te miró a los ojos
y miró la muerte.
Garabito, el guerrero de los huetares,
no tuvo tiempo de preguntar
por qué mandaste a matar sus hijos.
(¿Por qué? Si ellos eran inocentes).

Exhumo la pólvora
y el filo de tu espada
y también pregunto
por qué, meu avô,
por qué clavaste este silencio
en la garganta de los ríos.

TRES AÑOS DE ODIAR LOS BARCOS

A Isabel Arias Dávila y Poblete (1524-1568)

¿Qué te pasó, Isabel?
Te pusiste un vestido de luto
y le rogaste al mar la muerte.
Lo conseguiste, abuela, lo conseguiste.
Tenías tres años de odiar los barcos
y las cartas de condolencia.
Y lo conseguiste.
No te dio la gana respirar un tiempo más.
No querías que tu pelo
se mojara con un dios que no era el tuyo.

EL CONQUISTADOR

A Juan Vásquez de Coronado y Anaya (1523-1565)

Te bajaste del mar
y dijiste que eras dueño del día
y de cada uno de los rayos que tocaran
estas tierras.
Bautizaste la neblina y este lodo
con el nombre de Cartago.
Te llamaban señor de siempre
los sotorreyes y el caballo.
Te decían adelantado los perros
y las garzas que llegan del Purgatorio.
Pero un día, abuelo, se hundió la luz.
Se hundió la sal en tus pulmones.
Te hundiste, Juan, en una herida del océano.
De nada sirvieron los salmos
con que limaron la proa de tu barco.
De nada, los clavos de salvar
las almas.

LOS AÑICOS DEL NOMBRE

Solo quedan los añicos del nombre.
y los retazos de un tal Alfonso Fernández de Córdoba,
señor del humo y catador de glorias.
Quedan los mendrugos
y una tal Catalina Anaya y Gonzalo Vásquez.
Solo queda un trillo de muertes
y una fecha sin lápida
que no recuerda su pasado.

El Regidor de Guatemala

Gaspar Arias Dávila y González de la Hoz
y Furtado de Mendoza (1490-1543)

Pusiste tu nombre y el arcabuz
en una piedra más arriba de lo alto.
Fuiste regidor de las infamias,
alcalde de la sombra,
y padre de todas las cenizas.

Se dice que gastaste mil ducados
en busca de un atajo hacia la gloria eterna.
A cambio, los frailes
fundaron una piedra para honrar a San Francisco.
A cambio, los frailes
esculpieron en los ríos las líneas de tu rostro.

OROSOL

A Elvira González (¿?)

En la Plaza de San Miguel Segovia
vendías astillas de la luna
y números arábigos
que servían para armar estrellas de David.

Tenías, Urosol, un nombre de hechicera.
Tenías, Orosol, un encanto de sirena
en el sonido.

Pero al otro lado del mar
los curas removieron
las cábalas del nombre
y a ti te llamaron "lanza amable",
que es lo mismo que decir Elvira.

Sé que escondías plegarias de Ezequiel
en el fondo del armario.

Hacías nudos de silencio
en el altar de las iglesias.

EL JUDÍO

A Isaac Abenazar (¿?)

Te llamas Isaac Abenazar.
No más Diegos Arias,
ni Bolante o Volador.
No más mentiras para salvar el Menorá.

Están abiertas las puertas del odio.
No hay sitio para una estrella con puntas de David.

Viniste de la Torá y una tierra prometida
pero la kipá no pudo lucir su tela.

Eras catador de impuestos en Sevilla
y te dijiste cristiano de fundar el Hospital de San Antonio.

Querías, abuelo, que todos los errantes de este mundo
se curaran el corazón.

Querías, Isaac, que los clavos de la cruz
no herrumbraran tus palabras.

LOS ÁRABES

En alguna línea de mi mano está el abuelo de las taifas.
En algún rincón de mis silencios
está el mudéjar y la oración de Alá.

Yo sé que tengo una cítara de al-Ándalus
y el número que sumo
en el álgebra del tiempo.
Soy el moro que huyó de las Cruzadas,
un gandul que vino a predicar
la piedra negra.

Assalamoe `alaykum
dice el viento que saluda al viento.
Yo respondo wa`alaykum assalam
y el califato de Córdoba me regresa
las sílabas que digo.

OTRAS HERENCIAS

Oigo la saliva seca del viejo Garci
                       el que fue señor de las salinas
y una tal Inés que espera un barco
en la hendija de sus huesos.

Un grillo sordo escucha estas memorias:
hay aquí un tal Vásquez de Coronado
y una Mari que vino de Salamanca.

Una letra sin pupilas es la tumba de mis muertos.

El último pabilo de la vela

No es fácil remendar el nombre
de los ríos que llegan a morir en el desierto.
Pocas son las piedras que recuerdan su pasado.
Lo demás son escombros.

Hay una llama que se extingue:
Catalina Sosa y Gonzalo Vásquez.

Este es el último pabilo de la vela:
María Luzón
                Mencia Ulloa
                              Mari Hernández
y quizá Gonzalo Pérez de Monroy.

Lo demás es tiniebla.

EL SUDOR DE LOS CABALLOS

El caballo que digo es un reloj de sol
que suda con mi abuelo a cuestas.

Se mete por las ventanas
y entra conmigo a la casa de la abuela.
                      Ella deja que corra por el pueblo
                      donde era niña
                      y que pase por los cuartos
                      donde aprendió a parir
                      el calendario.

El caballo que digo es un ángel de humo,
un mapa sin fronteras que viene de la guerra,
un hijo pródigo que se quedó sin padres.

El caballo que digo
es un pirata que exhuma lámparas,
un guerrero que secuestra el paraíso.

Es un libro que no tiene página final,
una palabra que se desboca,
un día cualquiera que salta
por encima de los siglos.

EL ÁRBOL DE LOS MUERTOS

Nadie entiende el mapa de sus huesos
ni los trazos de su nombre
(óigase bien)
nadie llega al momento de sí mismo
       sin el árbol de sus muertos.

EXHUMACIÓN

Exhumo pedazos de mí mismo en la tumba
de los nombres.
Soy el epitafio que escribieron los abuelos,
el color que no pudieron
        borrar los homicidas.

Por este árbol
sube el tiempo a preguntar
si ha vuelto a nacer un río.

Soy ahora el que sigue,
el que lleva a cuestas la palabra,
el heredero que carga la ceniza
de esta casa.

ACERCA DEL AUTOR

Carlos Manuel Villalobos (Costa Rica, 1968) es ganador del Premio internacional de poesía Dolors Alberola (España, 2022) y del certamen UNA-Palabra en el género cuento (Costa Rica, 2019). También ha ganado en lírica el premio Brunca de la Universidad Nacional de Costa Rica, 2014; el Premio Editorial de la Universidad de Costa Rica en 1999 y el Arturo Agüero Chaves, 1993.

Entre sus publicaciones literarias destacan *Curación de la locura* (2020, cuento) *Altares de ceniza* (España 2019, poesía); *El cantar de los oficios* (2015, poesía); *Trances de la herida* (México 2015, poesía); *El ritual de los Atriles* (2014, disertaciones); *Insectidumbres* (2009, poesía); *Tribulaciones* (Guatemala 2003, cuento), *El primer tren que pase* (2001, poesía); *El libro de los gozos* (novela, 1era. ed. 2001, 2da. ed. 2019); *Ceremonias desde la lluvia* (1995, poesía) y *Los trayectos y la sangre* (1992, poesía).

Es compilador del libro *Pavesas* de Berta María Feo Pacheco (Edición crítica, 2020) y coantologador de Antología poética ramonense (1990) y *Las costuras del sueño: 15 poetas costarricenses* (Colombia, 2020).

Es doctor en Literatura Centroamericana, máster en Literatura Latinoamericana y licenciado en Periodismo. Se desempeña como docente en la Universidad de Costa Rica, donde imparte Semiótica y Teoría Literaria. En esta institución ha fungido como vicerrector de Vida Estudiantil y director de la Escuela de Filología, Lingüística y Literatura.

Ha dictado cursos en universidades de Estados Unidos, México y España, y ha participado como escritor invitado en festivales literarios en España, Alemania, Egipto, Marruecos y en diferentes países de América Latina.

ÍNDICE

Fosario

Los ancestros · 13
Cuentos rotos · 14
Sembrador de diostesalves · 15
Sanar la noche · 16
El peregrino · 17
El año de la guerra · 18
El día de los salmos · 19
La yerbera · 20
El arado del sol · 21
María llena de llamas · 22
Los niños muertos · 23
Casi al borde · 24
El fosario de los ríos · 25
Angustia · 26
Cuando sepa Dios · 27
Sangre natural · 28
Las minas · 29
Estatua de sal · 30
La valentía · 31
Augurio · 32
La soledad · 33
Culpa · 34
Una cuna para dormir el fuego · 35
La independencia · 36
Fuegos fatuos · 37
Plegarias · 38
Xibalbá · 39

La tinta · 40
Vasija con el mar adentro · 41
Junta de notables · 42
Un altar para Manuela Durán · 43
Viajeros del siglo XIX · 44
El primer grito de independencia · 45
La conjura de Belén · 47
La bandera rota · 49
Las llagas del cura Hidalgo · 50
El trillo de las lianas · 51
A oscuras · 52
Tizne · 53
Las hileras · 54
Cubujuquí · 55
Intimidades · 56
La viuda · 57
Los que cruzaron el río · 58
Capitán de todo perro · 59
Los fundadores · 60
Los rezos y la espada · 61
Cuando muere un dios · 62
El río de las fuentes rotas · 63
El escribano · 64
La heredera · 65
El ojo con que mira el fuego · 66
Alguien que llega · 67
Dulcehe · 68
El abuelo portugués · 69
Tres años de odiar los barcos · 70
El conquistador · 71
Los añicos del nombre · 72

El regidor de Guatemala · 73
Orosol · 74
El judío · 75
Los árabes · 76
Otras herencias · 77
El último pabilo de la vela · 78
El sudor de los caballos · 79
El árbol de los muertos · 80
Exhumación · 81

Acerca del autor · 85

Colección
PREMIO INTERNACIONAL DE POESÍA
NUEVA YORK POETRY PRESS

1
Idolatría del huésped / Idolatry of the Guest
César Cabello

2
Postales en braille / Postcards in Braille
Sergio Pérez Torres

3
Isla del Gallo
Juan Ignacio Chávez

4
Sol por un rato
Yanina Audisio

5
Venado tuerto
Ernesto González Barnert

6
La marcha de las hormigas
Luis Fernando Rangel

7
Mapa con niebla
Fabricio Gutiérrez

8
Los Hechos
Jotaele Andrade

Colección
CUARTEL
Premios de poesía
(Homenaje a Clemencia Tariffa)

1
El hueso de los días
Camilo Restrepo Monsalve
-
V Premio Nacional de Poesía
Tomás Vargas Osorio

2
Habría que decir algo sobre las palabras
Juan Camilo Lee Penagos
-
V Premio Nacional de Poesía
Tomás Vargas Osorio

3
Viaje solar de un tren hacia la noche de Matachín
(La eternidad a lomo de tren) /
Solar Journey of a Train Toward the Matachin Night
(Eternity Riding on a Train)
Javier Alvarado
-
XV Premio Internacional de Poesía
Nicolás Guillén

4
Los países subterráneos
Damián Salguero Bastidas
-
V Premio Nacional de Poesía
Tomás Vargas Osorio

5
Las lágrimas de las cosas
Jeannette L. Clariond
-
Concurso Nacional de Poesía
Enriqueta Ochoa 2022

6
Los desiertos del hambre
Nicolás Peña Posada
-
V Premio Nacional de Poesía
Tomás Vargas Osorio

Colección
PARED CONTIGUA
Poesía española
(Homenaje a María Victoria Atencia)

1
La orilla libre / The Free Shore
Pedro Larrea

2
No eres nadie hasta que te disparan /
You are nobody until you get shot
Rafael Soler

3
Cantos : & : Ucronías / Songs : & : Uchronies
Miguel Ángel Muñoz Sanjuán

4
13 Lunas 13 / 13 Moons 13
Tina Escaja

5
Las razones del hombre delgado
Rafael Soler

6
Carnalidad del frío / Carnality of Cold
María Ángeles Pérez López

Colección
VIVO FUEGO
Poesía esencial
(Homenaje a Concha Urquiza)

1
Ecuatorial / Equatorial
Vicente Huidobro

2
Los testimonios del ahorcado (Cuerpos siete)
Max Rojas

Colección
CRUZANDO EL AGUA
Poesía traducida al español
(Homenaje a Sylvia Plath)

1
The Moon in the Cusp of My Hand /
La luna en la cúspide de mi mano
Lola Koundakjian

2
Sensory Overload / Sobrecarga sensorial
Sasha Reiter

Colección
PIEDRA DE LA LOCURA
Antologías personales
(Homenaje a Alejandra Pizarnik)

1
Colección Particular
Juan Carlos Olivas

2
Kafka en la aldea de la hipnosis
Javier Alvarado

3
Memoria incendiada
Homero Carvalho Oliva

4
Ritual de la memoria
Waldo Leyva

5
Poemas del reencuentro
Julieta Dobles

6
El fuego azul de los inviernos
Xavier Oquendo Troncoso

7
Hipótesis del sueño
Miguel Falquez Certain

8
Una brisa, una vez
Ricardo Yáñez

9
Sumario de los ciegos
Francisco Trejo

10
A cada bosque sus hojas al viento
Hugo Mujica

11
Espuma rota
María Palitachi (Farazdel)

12
Poemas selectos / Selected Poems
Óscar Hahn

13
Los caballos del miedo / The Horses of Fear
Enrique Solinas

14
Del susurro al rugido
Manuel Adrián López

15
Los muslos sobre la grama
Miguel Ángel Zapata

16
El árbol es un pueblo con alas
Omar Ortiz

17
Demasiado cristal para esta piedra
Rafael Soler

Colección
MUSEO SALVAJE
Poesía latinoamericana
(Homenaje a Olga Orozco)

1
La imperfección del deseo
Adrián Cadavid

2
La sal de la locura / Le Sel de la folie
Fredy Yezzed

3
El idioma de los parques / The Language of the Parks
Marisa Russo

4
Los días de Ellwood
Manuel Adrián López

5
Los dictados del mar
William Velásquez Vásquez

6
Paisaje nihilista
Susan Campos Fonseca

7
La doncella sin manos
Magdalena Camargo Lemieszek

8
Disidencia
Katherine Medina Rondón

9
Danza de cuatro brazos
Silvia Siller

10
Carta de las mujeres de este país / Letter from the Women of this Country
Fredy Yezzed

11
El año de la necesidad
Juan Carlos Olivas

12
El país de las palabras rotas / The Land of Broken Words
Juan Esteban Londoño

13
Versos vagabundos
Milton Fernández

14
Cerrar una ciudad
Santiago Grijalva

15
El rumor de las cosas
Linda Morales Caballero

16
La canción que me salva / The Song that Saves Me
Sergio Geese

17
El nombre del alba
Juan Suárez

18
Tarde en Manhattan
Karla Coreas

19
Un cuerpo negro / A Black Body
Lubi Prates

20
Sin lengua y otras imposibilidades dramáticas
Ely Rosa Zamora

21
El diario inédito del filósofo vienés Ludwig Wittgenstein /
Le Journal Inédit Du Philosophe Viennois Ludwig Wittgenstein
Fredy Yezzed

22
El rastro de la grulla / The Crane's Trail
Monthia Sancho

23
Un árbol cruza la ciudad / A Tree Crossing The City
Miguel Ángel Zapata

24
Las semillas del Muntú
Ashanti Dinah

25
Paracaidistas de Checoslovaquia
Eduardo Bechara Navratilova

26
Este permanecer en la tierra
Angélica Hoyos Guzmán

27
Tocadiscos
William Velásquez

28
De cómo las aves pronuncian su dalia frente al cardo /
How the Birds Pronounce Their Dahlia Facing the Thistle
Francisco Trejo

29
El escondite de los plagios / The Hideaway of Plagiarism
Luis Alberto Ambroggio

30
Quiero morir en la belleza de un lirio /
I Want to Die of the Beauty of a Lily
Francisco de Asís Fernández

31
La muerte tiene los días contados
Mario Meléndez

32
Sueño del insomnio / Dream of Insomnia
Isaac Goldemberg

33
La tempestad / The tempest
Francisco de Asís Fernández

34
Fiebre
Amarú Vanegas

35
*63 poemas de amor a mi Simonetta Vespucci /
63 Love Poems to My Simonetta Vespucci*
Francisco de Asís Fernández

36
Es polvo, es sombra, es nada
Mía Gallegos

37
Luminiscencia
Sebastián Miranda Brenes

38
Un animal el viento
William Velásquez

39
Historias del cielo/ Heaven Stories
María Rosa Lojo

40
Pájaro mudo
Gustavo Arroyo

41
Conversación con Dylan Thomas
Waldo Leyva

42
Ciudad Gótica
Sean Salas

43
Salvo la sombra
Sofía Castillón

44
Prometeo encadenado / Prometheus Bound
Miguel Falquez Certain

45
Fosario
Carlos Villalobos

46
Theresia
Odeth Osorio Orduña

47
El cielo de la granja de sueños / Heaven's Garden of Dreams
Francisco de Asís Fernández

Colección
SOBREVIVO
Poesía social
(Homenaje a Claribel Alegría)

1
#@nicaragüita
María Palitachi

2
Cartas desde América
Ángel García Núñez

3
La edad oscura / As Seen by Night
Violeta Orozco

4
Guerra muda
Eduardo Fonseca

Colección
TRÁNSITO DE FUEGO
Poesía centroamericana y mexicana
(Homenaje a Eunice Odio)

1
41 meses en pausa
Rebeca Bolaños Cubillo

2
La infancia es una película de culto
Dennis Ávila

3
Luces
Marianela Tortós Albán

4
La voz que duerme entre las piedras
Luis Esteban Rodríguez Romero

5
Solo
César Angulo Navarro

6
Échele miel
Cristopher Montero Corrales

7
La quinta esquina del cuadrilátero
Paola Valverde

8
Profecía de los trenes y los almendros muertos
Marco Aguilar

9
El diablo vuelve a casa
Randall Roque

10
Intimidades / Intimacies
Odeth Osorio Orduña

11
Sinfonía del ayer
Carlos Enrique Rivera Chacón

12
Tiro de gracia / Coup de Grace
Ulises Córdova

13
Al olvido llama el puerto
Arnoldo Quirós Salazar

14
Vuelo unitario
Carlos Vázquez Segura

15
Helechos en los poros
Carolina Campos

16
Cuando llueve sobre el hormiguero
Alelí Prada

Colección
VÍSPERA DEL SUEÑO
Poesía de migrantes en EE.UU.
(Homenaje a Aida Cartagena Portalatín)

1
Después de la lluvia / After the rain
Yrene Santos

2
Lejano cuerpo
Franky De Varona

3
Silencio diario
Rafael Toni Badía

4
La eternidad del instante / The Eternity of the Instant
Nikelma Nina

Colección
MUNDO DEL REVÉS
Poesía infantil
(Homenaje a María Elena Walsh)

1
Amor completo como un esqueleto
Minor Arias Uva

2
La joven ombú
Marisa Russo

Colección
LABIOS EN LLAMAS
Poesía emergente
(Homenaje a Lydia Dávila)

1
Fiesta equivocada
Lucía Carvalho

2
Entropías
Byron Ramírez Agüero

3
Reposo entre agujas
Daniel Araya Tortós

Colección
MEMORIA DE LA FIEBRE
Poesía feminista
(Homenaje a Carilda Oliver Labra)

1
Bitácora de mujeres extrañas
Esther M. García

2
Una jacaranda en medio del patio
Zel Cabrera

3
Erótica maldita / Cursed Erotica
María Bonilla

4
Afrodita anochecida
Arabella Salaverry

5
Zurda
Nidia Marina González Vásquez

Colección
VEINTE SURCOS
Antologías colectivas
(Homenaje a Julia de Burgos)

Antología 2020 / Anthology 2020
Ocho poetas hispanounidenses / Eight Hispanic American Poets
Luis Alberto Ambroggio
Compilador

Colección
PROYECTO VOCES
Antologías colectivas

María Farazdel (Palitachi)
Compiladora

Voces del café

Voces de caramelo / Cotton Candy Voices

Voces de América Latina I

Voces de América Latina II

Para los que piensan, como Waldo Leyva, que "la palabra ha llegado al extremo de la perfeción", este libro se terminó de imprimir en marzo de 2022 en los Estados Unidos de América.

www.ingramcontent.com/pod-product-compliance
Lightning Source LLC
Chambersburg PA
CBHW030120170426
43198CB00009B/678